Polina Sorel

RUSSISCHES ALPHABET

Schnell erlernt für jedermann

 RUSSISCH UND RUSSLAND VON A BIS Z

Bibliografische Information der Deutschen Nationalbibliothek
Die Deutsche Nationalbibliothek verzeichnet diese Publikation in der
Deutschen Nationalbibliografie; detaillierte bibliografische Daten
sind im Internet über http://dnb.d-nb.de abrufbar.

Die Informationen in diesem Buch wurden sorgfältig recherchiert,
alle Angaben erfolgen dennoch ohne Gewähr. Eine Haftung seitens
der Autoren für Personen-, Sach- oder Vermögensschäden ist aus-
geschlossen. Wo eine männliche oder weibliche Substantivform ge-
wählt wurde, sind dennoch immer beide Geschlechter gemeint.

Weitere Infos zur russischen Sprache auf der Seite der Autorin unter
http://www.russian-online.net

ISBN 978-3-8391-0578-8

2. überarbeitete Auflage

Lektorat: Robin Pfeifer
Coverdesign, Gestaltung und Layout: Valentyna Ivashchenko
Bildredaktion: Eva Born

Inhalt

Vorwort

Missverständnisse

Zur Geschichte des russischen Alphabets

Russisches Alphabet und Transliterationsmöglichkeiten

Besonderheiten der russischen Betonung

Lektion 1 Bekannte Buchstaben А, К, М, О, Т

Lektion 2 Unbetontes О

Lektion 3 Griechische Buchstaben: П, Л, Ф, Д, Г, Х

Lektion 4 Weichheitszeichen ь und weiche Konsonanten

Lektion 5 Falsche Freunde: Н, Р, С, В, У

Lektion 6 Buchstaben oder Wörter И und Я

Lektion 7 Unbetonte Е und Я

Lektion 8 Зз und Бб

Lektion 9 Probieren Sie etwas Besonderes: ы

Lektion 10 Wo steht der Buchstabe Э in russischen Wörtern?

Lektion 11 Ю und nochmals weiche Konsonanten

Lektion 12 Й ist stets weicher Konsonant

Lektion 13 Stets harte Konsonanten Ж, Ш, Ц

Lektion 14 Stets weiche Konsonanten Ч und Щ

Lektion 15 Noch ein Buchstabe, der nie ausgesprochen wird:
Härtezeichen ъ

Lektion 16 Wichtige Schilder und Inschriften

Lektion 17 Städtenamen mit kyrillischen Buchstaben lesen

Lektion 18 Wichtige Abkürzungen bei Zugfahrplänen

Lektion 19 Adressanschriften verstehen lernen

Lektion 20 Wiederholen Sie Buchstaben: Buchstabensudoku lösen!

Einige interessante Fakten zum Schluss

Vorwort

Russland ist ein wunderschönes Land, doch ohne Sprachkenntnisse nach Russland zu reisen ist immer noch ein Abenteuer. Schon mancher Ausländer ist mit der Metro zu weit gefahren, weil er die Namen der Stationen nicht schnell genug entziffern konnte, so dass der Zug schon weitergefahren war... Auch mit einem ausführlichen Stadtplan in der Hand kann man sich in einer russischen Stadt leicht verlaufen. Denn russische Straßen, Schilder, Inschriften und sogar Autokennzeichen sind in kyrillischen Buchstaben beschriftet.

Solchen Problemen möchten wir mit dem vorliegenden Buch endgültig abhelfen. Hier erfahren Sie alles über die kyrillische Schrift und lernen, sie zu entziffern. Sie werden zwar nicht wirklich Russisch lernen, aber ohne Probleme alles lesen können.

Wer weiß, vielleicht ist dies ja auch der erste Schritt für Sie, die russische Sprache zu lernen. Denn Russisch ist nicht nur eine sehr schöne Sprache, sondern auch gar nicht so schwer zu erlernen, wenn man erst mal mit der Schrift „per Du" ist.

Am Anfang des Buches schreiben wir die kyrillischen Worte bewusst noch in der Dudenlautfolge hinzu, um Ihnen den Einstieg zu erleichtern. Im Laufe des Buches gehen wir dann immer mehr von dieser Lernhilfe weg.

Auf der Seite **www.russian-online.net** finden Sie MP3 Aufnahmen zu den meisten Übungen, sowie auch ein Schreibheft im PDF-Format, eine hervorragende Ergänzung zu den Lektionen dieses Buches, falls Sie auf den Geschmack gekommen sind, die russische Schrift besser kennenzulernen.

Missverständnisse

Dies sind drei der geläufigsten Missverständnisse bezüglich der kyrillischen Schrift:

Missverständnis 1: Sprechen Sie Kyrillisch?

Diese Frage wird gern in den Internet-Foren gestellt. Kyrillisch kann man nicht sprechen, da Kyrillisch keine Sprache ist, sondern die Schriftart. Auf Russisch heißt die Schrift кириллица (kirilliza). Damit kann das kyrillische Alphabet gemeint sein oder die kyrillischen Buchstaben. Nicht jedes Wort mit kyrillischen Buchstaben ist aber in Russisch.

Missverständnis 2: Kyrillisch = Russisch

Die „komischen" kyrillischen Buchstaben werden nicht nur im Russischen gebraucht. Das kyrillische Alphabet wird auch in variierter Form im Bulgarischen, Ukrainischen, Weißrussischen und Serbischen verwendet. Außer den slawischen Sprachen verwenden auch einige Völker der GUS für ihre Sprache die kyrillische Schrift, z.B. Kasachstan. Variierte Form meint, manche Buchstaben wurden aus dem Alphabet gestrichen oder wie das „i" im Ukrainischen wieder eingeführt, nachdem es von Russland nach der Revolution gestrichen wurde.

Missverständnis 3: Ich möchte ein russisches Wörterbuch mit lateinischen Buchstaben

So etwas gibt es nicht. Die russische Sprache wird grundsätzlich mit den kyrillischen Buchstaben wiedergegeben. In den Sprachführern und einigen Wörterbüchern können Sie jedoch Lautschrift mit lateinischen Buchstaben finden.

Zur Geschichte des russischen Alphabets

Kirchenslawisch

Das russische Alphabet basierte auf dem altrussischen kyrillischen Alphabet, das von Bulgarien aus nach Russland kam. Bis ins 17. Jahrhundert wurden im Laufe der Zeit einige Buchstaben durch neue Zeichen ersetzt und einige verschwanden. Die Originalbuchstaben werden immer noch im Kirchenslawischen benutzt. Man kann sie oft auf Weihnachts- und Osterpostkarten sehen.

Erste Reformen 1708-1711

Es war Peter der Große, der im Laufe der Reformen in den Jahren 1708–1711 das russische Alphabet an die lateinische Schreibweise anpasste und einige Buchstaben hinzufügte.
In dieser festgelegten Form existierte das Alphabet bis 1917. Es bestand aus 35 Buchstaben. Й und Ё waren keine eigenständigen Buchstaben. Dafür hatte das russische Alphabet noch I, Ѣ, Θ, Ѵ. Sie verschwanden aus dem Russischen während der Schreibreform im Jahre 1917. Man kann aber diese Buchstaben in den bis zur Oktoberrevolution im Jahre 1917 gedruckten Büchern, Postkarten, Plakaten finden.

Das russische Alphabet war kein gewöhnliches Alphabet. Aus den Bezeichnungen der Buchstaben ergab sich ein Gebet (заповедь):

Аз, Буки, Веди, Глаголь, Добро, Есть, Живете, Земля, Иже, I, Како, Люди, Мыслете, Наш, Он, Покой, Рцы, Слово, Твердо, Ук, Фертъ, Херъ, Цы, Червь, Ша, Ща, Ер, Еры, Ерь, Ять, Э, Ю, Я, Фита, Ижица

Аз Буки Веди – Я Бога ведаю. – Ich kenne Gott.
Глаголь Добро – Говори, делай добро. – Mach gute Sachen.
Добро Есть Жизнь – Только добро создает жизнь. – Nur Gutes gibt das Leben.

Живете Зело Земля – Живите землею, она кормилица наша. – Leben Sie vom Boden, er ernährt uns.

И Како Люди Мыслите, Наш Он Покой – Т.е., как вы, люди, думаете, таков и ваш мир. – Wie ihr Leute denkt, so ist euer Seelenfrieden.

Рци Слово Твердо – Говори слово твердо. – Wenn du etwas versprichst – halte dein Wort.

Auch heute existiert im Russischen das Wort азбука (asbuka), das nach dem gleichen Prinzip wie das Wort „Alphabet" (aus dem griechischen Buchstaben Alpha und Beta) entstand.

Reform 1917-1918

Seit der Oktoberrevolution existieren im Russischen 32 Buchstaben, benutzt werden aber häufig 33. Der Buchstabe Ё bekam seinen Status im Jahr 1942 als neuer Buchstabe des russischen Alphabets.

Der jüngste Buchstabe des russischen Alphabets

Ё ist der jüngste Buchstabe des russischen Alphabets. Er existierte zwar im Russischen seit Ende des 18. Jahrhunderts, wurde aber als eine Variante von E gesehen. Zum russischen Alphabet gehört der Buchstabe seit 1942 und wird immer noch beim Schreiben oft durch E ersetzt.

Russisches Alphabet und Transliterationsmöglichkeiten

Das moderne russische Alphabet besteht aus 33 Buchstaben.

Kyrillische Buchstaben	Kyrillische Buchstaben (Kursiv)	Name des Buchstaben im Alphabet	Wiss. Translit.	Duden Transkription	Engl./ Amerik. Transkription
A a	*A a*	[a]	A a	A a	A a
Б б	*Б б*	[be]	B b	B b	B b
В в	*В в*	[we]	V v	W w	V v
Г г	*Г г*	[ge]	G g	G g (о/его - w-)	G g
Д д	*Д д*	[de]	D d	D d	D d
Е е	*Е е*	[je]	E e	E e (Je je)	E e
Ё ё	*Ё ё*	[jo]	Jo jo	Jo jo (O o)	E e
Ж ж	*Ж ж*	[she] *(wie in Journal)*	Ž ž	Sch sch (Sh sh)	Zh zh (J j)
З з	*З з*	[se] *(wie in See)*	Z z	S s	Z z
И и	*И и*	[i]	I i	I i	I i
Й й	*Й й*	[j]	J j	J j (i)	Ĭ ĭ (I i, J j, Y y)
К к	*К к*	[ka]	K k	K k (кс x)	K k

Л л	*Л л*	[el]	L l	L l	L l
М м	*М м*	[em]	[em]	M m	M m
Н н	*Н н*	[en]	N n	N n	N n
О о	*О о*	[o]	O o	O o	O o
П п	*П п*	[pe]	P p	P p	P p
Р р	*Р р*	[er] (rollend)	R r	R r	R r
С с	*С с*	[ess]	S s	S s (Ss ss, ß)	S s
Т т	*Т т*	[te]	T t	T t	T t
У у	*У у*	[u]	U u	U u	U u
Ф ф	*Ф ф*	[ef]	F f	F f	F f
Х х	*Х х*	[cha]	Ch ch	Ch ch	Kh kh (H h)
Ц ц	*Ц ц*	[ze]	C c	Z z	Ts ts (C c)
Ч ч	*Ч ч*	[tscha]	Č č	Tsch tsch	Ch ch
Ш ш	*Ш ш*	[scha]	Š š	Sch sch	Sh sh
Щ щ	*Щ щ*	[schtscha]	Šč šč	Schtsch schtsch	Shch shch
Ъ ъ	*Ъ ъ*	[twjordyj snak]	"(-)		" ( )
Ы ы	*Ы ы*	[y]	Y y	Y y	Y y
Ь ь	*Ь ь*	[mjachkij snak]	'	(j)	'
Э э	*Э э*	[e] (wie im Ära)	Ė ė	E e	E e

Ю ю	*Ю ю*	[ju]	Ju ju	Ju ju	Yu yu (Ju ju, Iu iu)
Я я	***Я я***	[ja]	Ja ja	Ja ja	Ya ya (Ja ja, Ia ia)

Hier nochmals in der Reihenfolge kyrillische Buchstaben oben, Dudentranskription unten:

Аа [a]	Бб [b]	Вв [w]	Гг [g]	Дд [d]	Ее [je]	Ёё [jo]	Жж [sh]	Зз [s]
Ии [i]	Йй [j]	Кк [k]	Лл [l]	Мм [m]	Нн [n]	Оо [o]	Пп [p]	Рр [r]
Сс [ß]	Тт [t]	Уу [u]	Фф [f]	Хх [ch]	Цц [z]	Чч [tsch]	Шш [sch]	Щщ [schtsch]
Ъъ [y]	Ыы (j)	Ьь [e]	Ээ [ju]	Юю [ja]	Яя			

Bei den Beispielen steht in der Regel die Übersetzung des Wortes und die Dudenschreibweise in lateinischen Buchstaben äquivalent zum kyrillischen Wort in Klammern. Sinn ist es, Ihnen das Lernen so weit wie möglich zu erleichtern, ungeachtet sprachwissenschaftlicher Nuancen.

Besonderheiten der russischen Betonung

Die Russische Betonung ist wie Sand in einer Sanduhr:

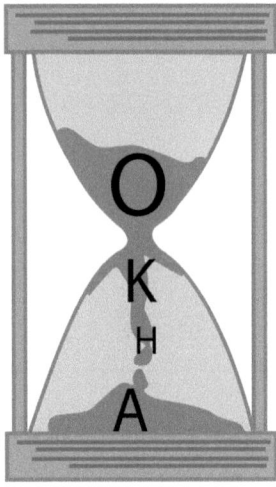

- sie ist frei, frei setzbar
- sie ist beweglich
- sie verändert sich mit der Zeit

ë ist immer betont (ausgesprochen jo)!

Es gibt nur einen Fall ohne Ausnahme: enthält ein Wort den Buchstaben ë, ist dessen Silbe betont. Das Problem dabei ist, dass beim Schreiben ë in der Regel durch e ersetzt wird.

Sonst soll man immer an die folgenden zwei Hauptmerkmale denken. Die Betonung im Russischen dient nicht nur zur richtigen Aussprache, sondern sie hilft, die grammatische Form und auch den Sinn eines Wortes zu unterscheiden.

Die russische Betonung ist frei setzbar.

Frei setzbar bedeutet, dass die Betonung auf verschiedene Silben fallen kann, z.B.:

auf die erste – мо́да	(Mode)	(moda)
auf die zweite – коро́ва	(Kuh)	(korowa)
auf die dritte – молоко́	(Milch)	(moloko)

Selten können auch mehrere Varianten richtig sein:
тво́рог und творо́г   (Quark)   (tworog)

Manchmal ist von der Betonung die Bedeutung des ganzen Wortes abhängig:

замок: за́мок ist Burg und   (samok)
              замо́к ist ein Schloss im Sinne von Verschluss

мука: му́ка ist Qual und   (muka)
          мука́ ist Mehl

Ohne Kontext kann man nicht genau sagen, wie man solche Wörter richtig ausspricht.

Die russische Betonung ist beweglich.

Beweglich bedeutet, dass bei den Änderungen der Wortform die Betonung auf eine andere Silbe springen kann, z.B.:

по́ле (Feld im Singular) – поля́ (Feld im Plural) (pole – polja)

Die Betonung hilft sogar die Formen zu unterscheiden.

Wie lesen Sie zum Beispiel das Wort „окна" (okna)?

о́кна – ist Plural von окно́ (Fenster),
z. B. вот мои о́кна. – das sind meine Fenster

окна́ ist Genitiv Singular von окно́ (Fenster),
z.B. нет окна́ – (es gibt kein Fenster) (net okna)

Die Betonung kann sogar außerhalb des Wortes liegen und auf die Präposition springen, z.B.:

лес – в лесу́ – и́з лесу
(Wald – im Wald – aus dem Wald)
(leß – w leßu – is leßu)

Lektion 1. Bekannte Buchstaben
A, K, M, O, T

A, K, M, O, T – Diese Buchstaben kennen Sie. Sie haben die gleiche Bedeutung wie im Deutschen.

Merken Sie sich bitte, dass im Russischen die kleingeschriebenen Druckbuchstaben genauso aussehen wie die großgeschriebenen Druckbuchstaben. Das kleine „t" zum Beispiel sieht auf Russisch wie folgt aus: **Т т**.

ÜBUNG 1

А а   О о   К к   Т т   М м

MA	MAT	MOT
KA	KAK (wie)	KOK
TA	TAK (so)	TOK (Strom)
AM	TAM (dort)	TOM
OT (von)	MAK (Mohn)	KOT (Katze)
TO (dieses da)	MAM	KOM

ÜBUNG 2

Там кот. (Da ist die Katze.)
Там мак. (Da ist der Mohn.)
Там ток. (Da ist der Strom.)
Как кот. (Wie eine Katze.)
Как мак. (Wie ein Mohn.)
Так, так. (So so.)

ÜBUNG 3

Beachten Sie bitte, dass der **kursive** Buchstabe (und auch die hand-schriftliche Version) т ein bisschen anders aussieht: **т = m.** Nicht mit dem russischen м (kursiv: м) verwechseln!
Lesen Sie diese Wörter in der Kursivschrift:

мат, там, мак, так, кот, ком, том

Там кот. Как так? Кот там. Так, так.

Lektion 2. Unbetontes O

Ein unbetontes o wird wie ein unbetontes (kurzes) a ausgesprochen!

Die Regel lautet:
A und **O** werden unmittelbar vor der betonten Silbe sowie im Anlaut des Wortes wie ein kurzes **A** ausgesprochen. Z.B.: ка́к-то (einmal) wird [kakta] ausgesprochen, wobei das erste [**a**] halblang und deutlich und das zweite [a] kurz ist.

Darum wird молоко (Milch) malako ausgesprochen.
Die Kuh, коро́ва geschrieben, wird als karowa ausgesprochen.

ÜBUNG 1

Betontes O [o] halblang und deutlich oder unbetontes O wie [a] kurz?

ко́т	тома́т	Ка́к-то ма́ма ...
то́к	кота́	Ка́к-то То́ма...
мото́к	мотка́	Ка́к-то ко́т ...
кото́мка	ка́к-то	Ка́к-то так ...

Lektion 3. Griechische Buchstaben: П, Λ, Φ, Δ, Γ, Χ

Überrascht? Wussten Sie, dass das kyrillische Alphabet sich direkt vom griechischen Alphabet ableitet?

Die Buchstaben „**Пп, Лл, Фф, Дд, Гг, Хх**" entsprechen noch heute in Form und Aussprache ihren griechischen „Urahnen":

Пп	wie „P"	in „Park"
Лл	wie „L"	in „Lampe"
Фф	wie „F"	in „Familie"
Дд	wie „D"	in „Dach"
Гг	wie „G"	in „Garten"
Хх	wie „Ch"	in „Dach"

Diese Buchstaben haben Sie bestimmt schon im Mathematikunterricht kennen gelernt. Jetzt finden Sie sie in den russischen Wörtern wieder.

ÜBUNG 1

ха	(cha)	ха́мка (freche Göre)	(chamka)
га	(ga)	га́мма	(gamma)
да (Ja)	(da)	да́ма (Dame)	(dama)
фа	(fa)	фа́та	(fata)
па	(pa)	па́па (Vater)	(papa)
ла	(la)	ла́мпа (Lampe)	(lampa)

холм	(Hügel)
гоп	(hopp)
дом	(Haus)
фо́то	(Foto)
пот	(Schweiß)
лом	(Schrott)

ÜBUNG 2

Nicht vergessen: Betontes O [o] halblang und deutlich oder unbetontes O wie [a] kurz.

холодо́к	(Kühle)	(cholodok)
пого́да	(Wetter)	(pogoda)
мо́да	(Mode)	(moda)
до́ма	(zu Hause)	(doma)

фо́мка	(fomka)
поло́мка	(polomka)
комо́д	(komod)
хо́лка	(cholka)

ÜBUNG 3

Beachten Sie bitte, dass die **kursiven** (und auch handschriftlichen) Buchstaben д und г ein bisschen anders aussehen: д =*д* г = *г*.

Lesen Sie diese Wörter noch einmal, aber in der Kursivschrift:

гол, холодо́к, пого́да, мо́да, дом, до́ма

ÜBUNG 4

Wissen Sie, was ХОХЛОМА (Chochloma) ist?

Finden Sie im Internet Beispiele, indem Sie das Wort mit den kyrillischen Buchstaben eingeben. Sie können die virtuelle Tastatur vom Textkonverter auf der Seite www.russian-online.net benutzen, um die kyrillischen Buchstaben einzugeben.

Lektion 4. Weichheitszeichen ь
und weiche Konsonanten

Wozu dienen Buchstaben, die nie ausgesprochen werden?
Es gibt im russischen Alphabet zwei Buchstaben, die nie ausgesprochen werden. **Einer davon ist das Weichheitszeichen ь.**

Fast alle Konsonanten können hart und weich ausgesprochen werden.
Bei der Aussprache der **meisten weichen Konsonanten berührt die Zunge den Gaumen vorne**, bei der Aussprache der **harten hinten**.

Weiche Konsonanten können im Schriftbild durch ein nachfolgendes ь wiedergegeben. Z.B.: пь [p'].

ÜBUNG 1

Lesen Sie die bekannten Buchstaben hart oder weich:

п – пь	мол – моль
к – кь	мат – мать
л – ль	пол – Поль
м – мь	дал – даль
т – ть	пот – ла́поть
д – дь	кол – Коль

Für diese Übungen finden Sie auf der Seite www.russian-online.net in der Rubrik „Lesen Lernen" MP3 Aufnahmen!

ÜBUNG 2

Und jetzt lesen Sie diese Wörter in der Kursivschrift:

мать, Поль, моль, Коль, даль, лапоть

Lektion 5. Falsche Freunde: H, P, C, B, Y

Diese Buchstaben sehen deutschen sehr ähnlich, werden jedoch ganz anders ausgesprochen.

Diese Buchstaben können zur Verwechslung führen:

Нн	wie „N" in	„Name",
Рр	wie „R" in	„Rand",
Сс	wie „ß" (es wird NIE wie „k" ausgesprochen!)	
Вв	wie „W" in	„Wagen",
Уу	wie „U" in	„gut" .

ÜBUNG 1

ну	(nu)
су	(ßu)
ву	(wu)
ру	(ru)
ус	(uß)
ун	(un)

внук	(Enkel)	(wnuk)
сумка	(Tasche)	(ßumka)
рупор		(rupor)
лук	(Zwiebel)	(luk)
стук		(ßtuk)
густо		(gußto)

Русь		(ruß)
лось		(loß)
дверь	(Tür)	(dwer)
вес	(Gewicht)	(weß)
немка	(die Deutsche)	(nemka)
вера	(Glaube)	(wera)

ÜBUNG 2

Und jetzt lesen Sie diese Buchstaben einmal weich, einmal hart:
Das Weichheitszeichen und das e machen die Buchstaben weich.

Denken Sie daran: Bei der Aussprache der meisten weichen Konsonanten berührt die Zunge den Gaumen vorne, bei der Aussprache der harten hinten.

> Русь – рус
> нем – нам
> ведь – вот
> корь – мор
> верь – вор
> семь – сом

ÜBUNG 3

Zu den falschen Freunden gehören auch die kursiven Buchstaben т – *m*. Lesen Sie die Wörter in der Kursivschrift und seien Sie dabei sehr aufmerksam:

> *там, мат, вот, дверь, ведьма, ветвь, Тверь, тур, ртуть,*
> *рот, торс, тон, нота, стон*

Lektion 6. Buchstaben oder Wörter: И und Я

Die Buchstaben и und я bilden auch vollständige Wörter: и bedeutet „und", я heißt „ich".

Diese Buchstaben sind auf den ersten Blick den zwei deutschen Buchstaben N und R sehr ähnlich, aber das täuscht auch hier. Sie können zur Verwechslung führen:

Яя	wie	„ja"	in	„Ja",
Ии	wie	„i"	in	„Igel"

Das unbetonte И liest man kurz.
Das unbetonte Я am Ende des Wortes wird fast wie ein kurzes [a] ausgesprochen, ähnlich dem unbetonten A am Ende eines Wortes.

! Die Konsonanten vor diesen Buchstaben werden weich ausgesprochen.

Nicht vergessen: Bei der Aussprache der meisten weichen Konsonanten berührt die Zunge den Gaumen vorne, bei der Aussprache der harten hinten.

ÜBUNG 1

ня́ня	(Kindermädchen)	рис	(Reis)
дя́дя	(Onkel)	мисс	(Miss)
ля́ля		лис	
тя́тя		бис	
ря́са		кит	
мя́та		гид	

ÜBUNG 2

Lesen Sie diese Buchstaben in den russischen Kurznamen.
Erkennen Sie diese Namen wieder?

Óля   (kommt von Olga)
Táня   (kommt von Tatjana)
Cáня   (kommt von Alexander)
Máня   (kommt von Maria)
Кáтя   (kommt von Katherina)
Пéтя   (kommt von Peter)

ÜBUNG 3

Und jetzt lesen Sie diese Buchstaben in den kleinen Sätzen in der Kursivschrift:

Оля и Таня. Саня и Маня. Катя и Петя. Я и няня.

Lektion 7. Unbetonte E und Я

...und natürlich die weichen Konsonanten

Das unbetonte я (nicht am Ende des Wortes) und das e (immer) werden wie das unbetonte (kurze) и ausgesprochen!

Nicht vergessen: Die Konsonanten vor e, я und и werden weich ausgesprochen, wobei die Zunge den Gaumen vorne berührt.

ÜBUNG 1

Unbetontes E und Я wie [И] kurz

река́	(Fluss)	(reka)
кипято́к	(kochendes Wasser)	(kipjatok)
пята́	(Ferse)	(pjata)
мери́ть	(messen)	(merit)
лесо́к	(Wäldchen)	(leßok)
пята́к	(Fünfer)	(pjatak)
вести́	(führen)	(westi)
не пи́ть*	(nicht trinken)	(ne pit)
не ли́ть	(nicht eingießen)	(ne lit)
не спа́ть	(nicht schlafen)	(ne ßpat)
не куса́ть	(nicht beißen)	(ne kußat)

* Mit dem Wort HE wird im Russischen die Verneinung gebildet.
Normalerweise wird HE nicht betont (das ist aber nicht immer der Fall).

Lektion 8. Зз und Бб

З – ist keine Ziffer, sondern ein russischer Buchstabe...

Diese Buchstaben sind dem deutschen Alphabet fremd. Aber ihre Aussprache ist ähnlich den deutschen Lauten:

Бб wie „[b]" in Bauer
Зз wie „[se]" in Rose

ÜBUNG 1

ба́ба	(baba)	зал	(sal)
бя́ка	(bjaka)	зил	(sil)
ро́ба	(roba)	зонт	(sont)
би́тва	(bitwa)	зима́	(sima)
бор	(bor)	замо́к	(samok)
бар	(bar)	зола́	(sola)
би́рка	(birka)	зе́ркало	(serkalo)
Бе́рта	(Berta, Vorname)	Зи́на	(Sina, Vorname)

ÜBUNG 2

Vorsicht! Nicht mit falschen Freunden zu verwechseln!
Б [b] – В[w] und З[se] – С[sse]

бал – вал	(Ball – Wall)	(bal – wal)
зонт – сон	(Regenschirm – Schlaf)	(sont – ßon)
боль – вол	(Schmerz – Ochse)	(bol – wol)
за́мки – са́нки	(Schlösser – Schlitten)	(samki – ßanki)
бор – вор	(Nadelwald – Dieb)	(bor – wor)
зил – сил	(Automarke – Kraft)	(sil – ßil)
борт – вот	(Bord – hier, da)	(bort – wot)
зал – са́ло	(Halle – Speck)	(sal – ßalo)

ÜBUNG 3

Lesen Sie diese Sätze in der Kursivschrift.

В за́мке зал. В за́ле зе́ркало. В зе́ркале Зи́на.

ÜBUNG 4

Und jetzt lesen Sie diese Wörter in der Kursivschrift. Seien Sie aufmerksam und verwechseln Sie nicht das kursive б mit д:
б = *б*, д = *д*

рад – раб	(froh – Sklave)
бар – дар	(Bar – Begabung)
добр – бодр	(gut – munter)
год – бог	(Jahr – Gott)
кадр – бра́к	(Aufnahme – Ehe)

лада – баллада
дата – мамбо

Lektion 9. Probieren Sie etwas Besonderes: ы

Dies ist ein Buchstabe und Laut, der im Deutschen keine genaue Entsprechung hat.

ы hat im Deutschen keine genaue Entsprechung.

Bei der Aussprache von **ы** werden die Lippen gespreizt wie bei der Aussprache des **и**, und die Zunge wird dabei zurückgezogen wie bei **у**.

ы steht nie am Wortanfang. Aber er erscheint in den Endungen vieler Wörter und deren Formen. Die Konsonanten vor **ы** sind **nie** weich.

ÜBUNG 1

Betonte ы im Wortstamm / unbetonte ы in den Endungen

дым	(Rauch)	мы́ло	(Seife)
па́пы	(Väter)	ды́ба	(sich aufbäumen)
мыть	(waschen)	па́ры	(Paare)
ды́рка	(Loch)	мыс	(Kap)
ва́ты	(Watte)	ды́ня	(Melone)
мысль	(Gedanke)	ба́бы	(Weiber)

ÜBUNG 2

Lesen Sie den Zungenbrecher in der Kursivschrift und versuchen Sie es so schnell wie möglich zu wiederholen:

Ма́ма Ми́лу мы́ла мы́лом.

Benutzen Sie MP3 auf www.russian-online.net in der Lesen-Lernen-Rubrik um die richtige Aussprache zu kontrollieren.

Lektion 10. Wo steht der Buchstabe Э in russischen Wörtern?

Ээ wird wie **[ä]** in Ära ausgesprochen.

Der Buchstabe Ээ wird selten in Wörtern russischer Herkunft verwendet, außer in **это (dieses) und поэтому (deswegen)**. Am häufigsten steht der Buchstabe Ээ am Anfang eines Wortes. Sehr selten steht э auch in der Mitte, z.B.: поэт (Dichter) und поэтому (deswegen). Am Ende des Wortes steht э nie.

In der unbetonten Position wird э fast wie **ы** gelesen.

ÜBUNG 1

Lesen Sie: э am Anfang betont

э́та	(diese *(Femininum)*)
э́тот	(dieser *(Maskulinum)*)
э́то	(dieses *(Neutrum) oder* das ist)
э́ти	(diese *(Plural)*)
эра	(Ära)

э am Anfang unbetont (ы–ähnlich)

экра́н	(Bildschirm)
эта́п	(Etappe)
эконо́мно	(sparsam)
экза́мен	(Prüfung)

э in der Mitte betont

поэ́т	(Dichter)
поэ́тому	(deswegen)
поэ́зия	(Poesie)
поэ́та	(Dichter)

ÜBUNG 2

Lesen Sie diese Ausdrücke in der Kursivschrift. Vergleichen Sie mit der MP3 Aufnahme im Internet auf der Seite www.russian-online.net!

э́тот экза́мен
э́тот экра́н
э́та поэ́зия
э́тот поэ́т
э́ти поэ́ты
э́то бы́ло у поэ́та

Lektion 11. Ю und nochmals weiche Konsonanten

Noch ein Buchstabe, mit dem Weichheit gekennzeichnet wird.

Ю wird wie **[ju] in Junge** ausgesprochen. **Unbetontes Юю** wird leicht abgeschwächt.

Wie alle jotierten Vokalbuchstaben bezeichnet ю die Weichheit des vorhergehenden Konsonanten.

ÜBUNG 1

Lesen Sie:

[ju] am Anfang betont

ю́бка	(Rock)	(jubka)
ю́рта	(Jurte)	(jurta)
Ю́ра	(Juri Vorname)	(Jura)
Ю́ля	(Julia Vorname)	(Julja)

die Konsonanten weich

люк	(Luke)
трюк	(Trick)
трюм	(Schiffsraum)
тюк	(Ballen)

[ju] nicht betont und die Konsonanten weich

Тюме́нь	(Tjumen)
тюле́нь	(Robbe)
тюрьма́	(Gefängnis)
юла́	(Kreisel)

Lektion 12. Й ist stets weicher Konsonant

Йй wird auch kurzes [i] genannt, obwohl es kein Vokal ist, sondern stets ein weicher Konsonant. Deswegen ist **й** immer unbetont und wird wie [i] in Mai ausgesprochen. In der einfachen Aussprache in diesem Buch wird й immer mit dem Buchstaben [j] gekennzeichnet.

Йй steht sehr oft am Ende des Wortes, so z.B. als Teil der Endung von Adjektiven. Es gibt aber auch Wörter im Russischen, die mit й anfangen; z.B.: **йогурт [Jogurt]**.

Aufpassen beim Schreiben: **й kann beim Schreiben nicht durch и ersetzt werden,** wie z.B. statt ё e geschrieben werden kann.

ÜBUNG 1

май	(Mai)	мой	(mein)
война́	(Krieg)	твой	(dein)
стро́йка	(Baustelle)	рай	(Paradies)
ко́йка	(Koje)	лай	(Gebell)
рой	(Schwarm)	со́йка	(Eichelhäher Vogelart)

ÜBUNG 2

Lesen Sie й am Ende der Adjektive

кра́сный	(rot)	(kraßnyj)
бе́лый	(weiß)	(belyj)
се́рый	(grau)	(ßeryj)
све́тлый	(hell)	(ßwetlyj)
ру́сский	(Russisch)	(rußßkij)
англи́йский	(Englisch)	(anglijßkij)
испа́нский	(Spanisch)	(ißpanßkij)
украи́нский	(Ukrainisch)	(ukrainßkij)

Lektion 13. Stets harte Konsonanten Ж, Ш, Ц

Жж, Шш, Цц sind stets hart, auch wenn **и, е, ё, ю, я und ь** im Schriftbild folgen. Wegen ihrer Aussprache werden sie auch Zischlaute genannt:

> **Жж wie in J**ournal – [sh] – stimmhaft und immer hart
> **Шш wie in Sch**ach – [sch] – stimmlos und immer hart

> **Цц wie in Z**ahn – [z] – immer stimmlos und immer hart
> **Жж und Шш** bilden ein Paar – „stimmhaft–stimmlos".

Am Ende und vor stimmlosen Konsonanten wird **ж** als ш **[sch]** gelesen.

ÜBUNG 1

Immer hart:

[sh – stimmhaft]	[z – immer stimmlos]		[sch – stimmlos]	
жара́ (Hitze)	цирк	(Zirkus)	шёлк	(Seide)
жена́ (Ehefrau)	царь	(Zar)	ша́пка	(Hut)
жир (Fett)	ца́пля	(Fischreiher)	шу́тка	(Witz)
жук (Käfer)	цена́	(Preis)	шерсть	(Fell)

ÜBUNG 2

Am Wortende wird ж wie ш [sch] (stimmlos) gelesen, aber trotzdem hart, sogar wenn danach и oder Weichheitszeichen folgt.

> нож – ножи́ (das Messer – die Messer *(Pl.)*)
> рожь – ржи (der Roggen – Roggen *(Pl.)*)
> этаж – этажи́ (das Stockwerk – die Stockwerke *(Pl.)*)

ÜBUNG 3

Lesen Sie diesen Zungenbrecher in der Kursivschrift:

Шла Са́ша по шоссе́ и соса́ла су́шку.

У ежа́ ежа́та, у ужа́ ужа́та.

Benutzen Sie auf MP3 Aufnahme auf russian-online.net um die Aussprache zu kontrollieren!

Lektion 14. Stets weiche Konsonanten Ч und Щ

Чч und Щщ sind stets weich, auch wenn a, o oder y im Schrift-bild folgen. Die Buchstaben я und ю folgen den Buchstaben ч und щ niemals im Schriftbild. Wegen ihrer Aussprache werden sie auch Zischlaute genannt:

> **Чч wie in „Deutsch"**
> **Щщ wie Sch + tsch gesprochen**

Zu **щ** gibt es keine Entsprechungen im Deutschen.

Ч und **щ** haben keine stimmhaften Entsprechungen. Sie sind immer weich und immer stimmlos.

ÜBUNG 1

Immer weich und immer stimmlos

ча́сто	(oft)	щи
чи́сто	(sauber)	чи́ще
щу́ка	(Hecht)	в ча́ще
часть	(Teil)	щёки
час	(Stunde)	щу́чья
ча́ща	(Dickicht)	щель

Lektion 15. Noch ein Buchstabe, der nie ausgesprochen wird: Härtezeichen ъ

Das Härtezeichen ъ wird nur vor Vokalen verwendet.

Die vorhergehenden Konsonanten werden hart ausgesprochen, die folgenden Vokalbuchstaben **я, ю, e oder ё** bezeichnen den Lautwert **j + a, y, э, o.**

Härtezeichen und Weichheitszeichen zwischen Konsonanten und Vokal zeigen, dass die Buchstaben nicht „zusammen" gelesen werden, sondern als ob Wortteile getrennt geschrieben werden. Die Konsonanten vor dem Weichheitszeichen sind weich, vor dem Härtezeichen sind sie hart. Vergleichen Sie:

отъезд [at – **je**st] – статья [stat'**ja**]

Das Härtezeichen wird nicht so oft wie das Weichheitszeichen verwendet. Es steht weder am Wortanfang noch am Wortende. Es befindet sich meistens zwischen Präfix und Stamm des Wortes oder im Wortstamm.

ÜBUNG 1

Lesen und vergleichen Sie:

объём	(Volumen)
подъезд	(Hauseingang)
разъяснить	(erläutern)
объект	(Objekt)
подъехать – подешеветь	(ankommen – billiger werden)
объём – обёртка	(Volumen – Umschlag)
съесть – сесть	(aufessen – sich hinsetzen)

Mit dieser Lektion haben wir alle Buchstaben des russischen Alphabets gelernt.

Lektion 16. Wichtige Schilder und Inschriften

Lesen Sie diese Schilder:

Geldautomat

Eingang ins Museum
auf der anderen Seite

Drücken

Ziehen

Das Betreten
der Blumenrabatte
ist verboten

Das Betreten
des Rasens
ist verboten

Wichtige Schilder und Inschriften im Überblick.

In dieser Übersicht sind die Hinweise mit Großbuchstaben und ohne Betonungszeichen geschrieben, so wie sie auf den Straßenschildern, in der Metro und anderen Objekten vorkommen.

ВНИМАНИЕ!	Achtung!
СТОЙ!	Halt!
ОСТОРОЖНО!	Vorsicht!
ОПАСНО!	Gefährlich!
ЗАПРЕЩЕНО!	Verboten!
РУКАМИ НЕ ТРОГАТЬ	Nicht berühren!
НЕ КУРИТЬ	Rauchen verboten!
ПОСТОРОННИМ ВХОД ВОСПРЕЩЕН	Unbefugtes Betreten verboten!

ОТ СЕБЯ	Drücken
НА СЕБЯ	Ziehen
ВХОД	Eingang
ВЫХОД	Ausgang
ВХОДА НЕТ	kein Zutritt
ВХОД СВОБОДНЫЙ	Eintritt frei
ОТКРЫТО	Geöffnet
ЗАКРЫТО	Geschlossen
ОБЕД	Mittagspause

ТУАЛЕТ	Toilette
М	Herren
Ж	Damen
ГОРЯЧАЯ	warmes (Wasser)
ХОЛОДНАЯ	kaltes (Wasser)
НЕ РАБОТАЕТ	außer Betrieb
СОБЛЮДАЙТЕ ЧИСТОТУ	Sauber halten!

ВПЕРЕДИ ВЕДУТСЯ РАБОТЫ	Straßenarbeiten
ВСТРЕЧНОЕ ДВИЖЕНИЕ	Gegenverkehr
ВЪЕЗД ЗАПРЕЩЁН	Durchfahrt verboten!
ДЕРЖИТЕСЬ ПРАВОЙ СТОРОНЫ	rechts fahren
ОБГОН ЗАПРЕЩЁН	Überholverbot
ОБЪЕЗД	Umleitung
ОПАСНЫЙ ПОВОРОТ	gefährliche Kurve
ОСТАНОВКА АВТОБУСА	Bushaltestelle
СТОЯНКА ЗАПРЕЩЕНА	Parken verboten

Finden Sie folgende Inschriften in diesem Gitterätsel:

geöffnet	открыто
geschlossen	закрыто
Ausgang	выход
Eingang	вход
Toiletten	туалет
frei	свободно
kalt	холодная
warm	горячая
Vermietung	прокат
Kasse	касса
verboten	запрещено

Ц	Ц	Д	П	О	Я	А	Ч	Я	Р	О	Г
Г	К	Я	О	В	Т	Ъ	Ъ	Я	Л	З	Х
О	К	Г	Н	Т	К	Ы	Ъ	М	Ъ	О	О
Н	А	Х	О	А	К	Б	Р	Д	Т	Э	Л
Е	С	Э	Ь	Н	Н	Р	Т	К	У	Ж	О
Щ	С	М	Ч	В	Д	Д	Ы	Щ	А	Ю	Д
Е	А	Ф	Ю	В	Х	О	Д	Т	Ж	З	Н
Р	О	О	П	В	П	Х	Б	Х	О	Т	А
П	Р	О	К	А	Т	Ы	Ъ	О	А	Ъ	Я
А	П	С	Й	Р	Л	В	Ё	Ъ	В	Л	Ю
З	А	Т	А	А	К	О	З	Х	Э	С	Д
Е	Ь	Ь	Т	Е	Л	А	У	Т	С	Я	М

Lektion 17. Städtenamen mit kyrillischen Buchstaben lesen

Metropolen

Лондон	London	London
Париж	Paris	Parish
Рим	Rom	Rim
Нью–Йорк	New York	Nju–Iork
Вашингтон	Washington	Waschington
Сидней	Sydney	ßidnei

Russland

Москва	Moskau	Moßkwa
Санкт–Петербург	St. Petersburg	ßankt–Peterburg
Новосибирск	Novosibirsk	Nowoßibirßk
Екатеринбург	Jekaterinenburg	Jekaterinburg

Deutschland

Берлин	Berlin	Berlin
Гамбург	Hamburg	Gamburg
Мюнхен	München	Munchen
Кёльн	Köln	Kjoln
Штутгарт	Stuttgart	Schtutgart
Манхайм	Mannheim	Manchaim
Хайльбронн	Heilbronn	Chailbronn

Schweiz

Цюрих	Zürich	Zurich
Лозанна	Lausanne	Losanna
Нёвшатель	Neuenburg (Neuchâtel)	Njowschatel

Österreich

Вена	Wien	Wena
Зальцбург	Salzburg	Salzburg

Lektion 18. Wichtige Abkürzung bei Zugfahrplänen

пн, вт, ср, чт, пт, сб, вс – дни недели – alle Wochentage (nicht nur in den Fahrplänen, sondern auch in Kalendern und überall dort, wo Wochentage benutzt werden)

пн (понедельник)	–	Montag
вт (вторник)	–	Dienstag
ср (среда)	–	Mittwoch
чт (четверг)	–	Donnerstag
пт (пятница)	–	Freitag
сб (суббота)	–	Samstag
вс (воскресенье)	–	Sonntag

г. (город)	–	Stadt
ваг. (вагон)	–	Wagen
еж. (ежедневный)	–	täglich
ж.д. (железная дорога, железнодорожный)	–	Eisenbahn-,

з (зимний)	–	Winter-
к или кр. (кроме)	–	außer
км (километр)	–	Kilometer
л (летний)	–	Sommer-

приг. (пригородный поезд)	–	Regionalzug
ускор. (ускоренный поезд)	–	Schnellzug
экспр. (экспресс)	–	Expresszug
эл. (электричка)	–	Vorortbahn

Lektion 19. Adressanschriften verstehen

Briefe aus Russland haben ihre Besonderheiten bei der Adresse. Ermitteln Sie, wo der Absender des Briefes wohnt und wo sich diese Ortschaft befindet:

> ул. Мира, 2 кв. 40
> с. Петровское
> Первомайский р-н
> Саратовская обл.
> Россия

Adressanschriften verstehen – antworten:

ул. Мира, 20	ул.	= улица (Straße)
кв. 40	кв.	= квартира (Wohnung)
с. Петровское	с.	= село (Dorf)
Первомайский р-н	р-н	= район (Verwaltungsbezirk)
Саратовская обл.	обл.	= область (Gebiet)

Das Dorf Petrowsskoje gehört zum Verwaltungskreis Perwomaisk. Die Stadt Perwomaisk befindet sich im Gebiet Saratow.

Wie man Adressen auf Russisch schreibt

Иванову Александру Сергеевичу
ул. Мира, 12, кв. 4
г. Мытищи, Московская область
Россия
301002

Russische Adressanschriften werden in folgender Reihenfolge geschrieben:

- имя адресата или название фирмы
  Name des Empfängers oder Firmenname

- название улицы, номер дома, номер квартиры
  Straßennamen, Hausnummer, Wohnungsnummer*

- название области (края, автономного округа, республики)
  Name des Gebietes (Region, autonomer Kreis, Republik)

- страна
  Land (bei internationaler Post)

- почтовый индекс
  Postleitzahl

* Die Wohnungsnummer ist sehr wichtig in Russland. Da die meisten Leute in großen Hochhäusern wohnen, wird auf dem Briefkasten nur die Wohnungsnummer geschrieben (keine Namen).

> Z.B.:
> А. С. Иванову,
> ул. Мира, 12, кв. 4,
> г. Мытищи, Московская область,
> Россия,
> 301002

Herr Iwanow würde niemals gefunden werden, denn es gibt nirgendwo einen Hinweis auf seinen Namen. Es gibt nur einen Briefkasten Nr. 4 für die Wohnung Nr. 4, wer aber dort wohnt, ist für den Postboten unwichtig!

Lektion 20. Wiederholen Sie Buchstaben: Buchstabensudokus lösen!

Vokale: **А Е И О У Ы Э Ю Я**

А		У		Е				
			Э	Я		Ю	Ы	
		И			Я			
Ы		Э				Ю		Я
					О	Е		
Е	О			Ы	Ю			
	Э			Ю			У	
	И	Е			Э	Ы	Я	
	Ы	А	О				Э	Ю

Erste 9 Buchstaben: **А Б В Г Д Е Ж З И**

Г				А				
			З		Д		Б	
	Д		Б		Е			
		Г			Ж		В	
З	В	И	Е	А				Г
	А			И		З		
Ж		В			Г		Б	А
И	Г						З	Д
			Ж	Е				В

9 Buchstaben ab „К": **К Л М Н О П Р С Т**

			Т	С				К
	Л	Т	К				Р	
			Н	Л				
Р								
Т						Р	Н	
Л	М		Т				П	
	Р	Л			Т			
С	К		М		О	Т		
		П						С

Letzte 9 Buchstaben: **Ч Ш Щ Ъ Ы Ь Э Ю Я**

Ш								
Ч	Э		Ь					Ы
		Щ				Ь	Ъ	Ш
						Ъ	Щ	
		Ш		Ы		Ч		
	Щ		Ю	Ъ				
	Ш				Э			Ч
				Ь	Ш		Я	
	Ч	Ю			Ъ			Ь

Einige interessante Fakten über das russische Alphabet und die Buchstaben zum Schluss

Wie viele Buchstaben gibt es im russischen Alphabet?

Das größte Alphabet der Welt besteht aus 72 Zeichen (in der Khmer–Sprache, Amtssprache von Kambodscha). Das kleinste Alphabet hat 11 Buchstaben und wird in einer der Sprachen von Papua, Neu Guinea, verwendet. Das russische Alphabet liegt dazwischen und besteht aus 33 Zeichen.

i und и

Es ist heute schwer zu glauben, aber es gab im russischen Alphabet bis 1917 den Buchstaben i. So z.B. im Wort МИР, das zwei unterschiedliche Bedeutungen hat, nämlich „Frieden" und „Welt". Bis 1917 gab es auch deutliche Unterschiede in der Schreibweise: мир stand für „Frieden" und мiр für „die Welt".

Bis heute kennt man auch in der russischen Sprache den Ausdruck: „расставить точки над i" (wörtlich: Punkte auf den Buchstaben i setzen), im Sinne von „alles bis zum Ende machen", obwohl der Buchstabe selbst schon seit fast einem Jahrhundert im russischen Alphabet nicht mehr existiert.

З и S

Noch unglaublicher klingt heute, dass im Russischen auch der Buchstabe S einmal existierte.

Peter der Große hat am Anfang des 18. Jahrhunderts den Buchstaben З gestrichen und an dessen Stelle „S" eingeführt. Danach aber änderte er es wieder und ersetzte S durch З.

Ъ

Dieser Buchstabe wird heute nur selten benutzt und tritt nur zwischen Präfix und Wortstamm auf. Bis zur Reform 1917 wurde dieser Buchstabe viel häufiger benutzt, insbesondere am Ende von Wörtern, um die Härte des letzten Lautes zu betonen: **домъ, городъ, много селъ.**

Ъ war auch nicht immer stumm. Bis zum 18 Jh. wurde es anstelle unbetonter Vokale benutzt. Bis heute hat dieser Buchstabe in dieser

Funktion im Bulgarischen überlebt. Vergleichen Sie das Wort „Inhalt" auf Bulgarisch **съдържание** und Russisch **содержание.**
Bulgarisch ist übrigens die einzige Sprache, die die gleichen Buchstaben wie die russische Sprache verwendet, ohne zusätzliche Sonderzeichen.

Я – ist der letzte Buchstabe des russischen Alphabets
Es ist nicht nur eine Tatsache, sondern auch ein Sprichwort. Der Buchstabe я bedeutet auf Russisch auch das Wort „ich". Und wenn man sich manchmal zu hochnäsig benimmt und schreit „я, я, я" (ich, ich, ich), sagt man als Antwort „Я – последняя буква в алфавите." Interessant an diesem Sprichwort ist, dass man es nicht in eine andere europäische Sprache übersetzen kann. Im Altrussischen hieß das Wort „ich" – „азъ", was damals gleichzeitig der Name des ersten Buchstabens des damaligen russischen Alphabets war.

ЁПРСТ und ЁКЛМН
Nein, nein, das sind keine Ausschnitte aus dem Alphabet, sondern umgangssprachlich für „Verflixt!".

X.B.
… steht immer auf den Postkarten und Kuchen für das russische Ostern. Das ist kein Geheimcode, sondern eine traditionelle Begrüßung zu Ostern: Христос воскресе! – Christus ist auferstanden.

Der Ausdruck „От А до Я "
… wird auf Deutsch natürlich als „Von A bis Z" übersetzt.

„A" benutzt man umgangssprachlich auch im Sinne von „Was? Wie bitte?"
Wenn man zu viel „A?" sagt, bekommt man als Antwort von dem genervten Ansprechpartner: „Б!" – Analog im Deutschen: „Warum? – Darum!"

А и Б сидели на трубе
А упало, Б пропало,
Что осталось на трубе?

Der sehr bekannte Kinderreim bedeutet übersetzt: „A und B saßen auf einer Röhre. A ist runter gefallen, B ist verschwunden, was ist geblieben?"

Die Antwort lautet „I". Der Buchstabe „и" steht auch für das russische Wort „und". Diesen Kinderreim könnte man auch so aufschreiben:

А, И, Б сидели на трубе – A, I, B saßen auf einer Röhre...

Andere russische Wörter, die aus einem einzigen Buchstaben bestehen, sind: а (aber), в (in), к (zu, nach), о (über), с (mit), у (neben), я (ich). Sie sind somit auch die kürzesten Wörter im Russischen.

Das Wort превысокомногорассмотрительствующий

ist eines der längsten im Russischen und besteht aus 35 Buchstaben. Die gute Nachricht ist, dass es nicht so viele russische Wörter gibt, die länger als 5–10 Buchstaben sind.

E-Mail- und Web-Adressen

werden NIE mit den russischen Buchstaben geschrieben. @ –Zeichen nennt man auf Russisch „собака" (wörtlich „Hund").

ЖЕНА! ВЫПЕЙ ЧАЮ ДА СЪЕШЬ ЕЩЁ ЭТИХ МЯГКИХ ФРАНЦУЗСКИХ БУЛОК.

Wörtlich: Ehefrau! Trink Tee und iß noch dieses weiche französische Brötchen!

In dieser Phrase werden ALLE Buchstaben des russischen Alphabets benutzt. Wenn Sie sie ohne Probleme gelesen haben, dann haben Sie auch alle russischen Buchstaben gelernt. Wenn nicht, dann können Sie es immer wieder mit Hilfe dieses Buches wiederholen. Удачи! – Viel Glück!

Weitere wichtige russische Wörter, Ausdrücke, Schilder und Inschriften finden Sie beim Wortschatztrainer „Ruslanka". Damit können Sie die Wörter lernen und üben, Lernkarteien und Listen von Wörtern ausdrucken und spielerisch das Gelernte wiederholen. Auch das Gitterrätsel und die Buchstabensudokus wurden mit dem Wortschatztrainer Ruslanka generiert. Weitere Infos unter **www.ruslanka.de**

Die Lesen- und Schreiblern-Lektionen, Lesetexte, Wörter und vieles andere rund um Russisch und Russland finden Sie auf der Seite **www.russian-online.net**.

Empfohlene Links zum Thema „Russisch und Russland"

Russisch lernen

russian-online.net	kostenlose Materialien, Übungen, Lektionen online
ruslanka.de	Wortschatztrainer Russisch-Deutsch
russisch-fuer-kinder.de	Russisch für Kinder
text-coverter.de.vu	Textkonverter der lateinischen Buchstaben in kyrillische und umgekehrt
twitter.com/russisch	Russische Sprache per Twitter

Über Russland

russland.ru	Nachrichten aus und über Russland
russland.tv	Audio und Video aus und über Russland
russlandjournal.de	Wissenswertes über Russland
krusenstern.ch	Internet-Magazin über Russland
maiak.info	ein virtuelles „Pressebüro" rund um Osteuropa

Russland und Russisch für Geschäftsleute

fit-for-russia.de	interkulturelle Training
russland-wirtschaft.de	Blog über Geschäfte in Russland und mit Russen

Russisch und Russland von A bis Z –
Bücher und Software

Russische Frauen
Innen- und Außenansichten
von Daria Boll-Palievskaya
ISBN 978-3-8391-1149-9

Der Russland-Ratgeber
Leben, Arbeiten, Kultur & Business
von Daria Boll-Palievskaya
ISBN 978-3-9393-3837-6
(auch als e-Book erhältlich)

Schreibheft Russisch – Прописи
(E-Book, PDF)
http://www.russian-online.net/russischhefte.php

Ruslanka: Wortschatztrainer Russisch-Deutsch
Wortschatztrainer, Spiel- und Lernkarteigenerator
Kostenlose Demoversion auf www.ruslanka.de